BASTEI
LÜBBE

DAS ALF SPRÜCHEBUCH

BASTEI LÜBBE

BASTEI-LÜBBE TASCHENBUCH
Band 11323

Lizenz durch Lizenzagentur Hans-Werner Fuchs, Stuttgart
Herausgeber: Gustav Lübbe Verlag GmbH, Bergisch Gladbach
Printed in West Germany, Juni 1988
Einbandgestaltung: Rüdiger Pareike
Druck und Bindung: Ebner Ulm
ISBN 3-404-11323-3

Der Preis dieses Bandes versteht sich einschließlich der gesetzlichen Mehrwertsteuer

Ich heiße ALF und komme
von einem Stern,
der ist so fern, so fern, so fern...
Das hab' ich gar nicht gern!
Ich mach' das Beste
aus meiner bösen Lage,
und tu so, als wären es Ferientage!

Null Problemo

Wenn ihr mich loswerden wollt, flieg' ich zu irgendeinem gottverlassenen Astroiden und verbringe meine restliche Zeit damit, mich gegen Gammastrahlen zu wehren!

Null Problemo

Glaubst du, du kannst mich mit
einem Eis rumkriegen...?
Bitte ja...
aber nur mit Rumtraube-Nuß!

Moment! Ehe ich hier noch was sage,
brauche ich einen Trommelwirbel!
Kein Ton mehr ohne Trommelwirbel!

Essen wir erst einen Happen!
Wie wär's mit einer Dose Katzenfutter?
Ich brauch Ballaststoffe!

Merk dir, bring deiner Freundin immer was mit! Eine Blume, etwas Konfekt, oder eine Rambo-Puppe!

Heute ist Party!
Sei dabei
oder ein faules Ei!

Kennt ihr den?
Frau Wirtin hat 'nen Astronaut,
der hat sich nur mit Helm getraut!

Null Problemo

Wozu ich den Wäschetrockner nachts laufen lasse? Ich brauche ein bißchen Gesellschaft! Sind acht Stunden zu lang?

Ich brauche mich nicht zu rasieren! Ich seh auch so gut aus!

Null Problemo

Was heißt hier Problem?
Macht's euch bequem!
Für mich gibt's null Problem!

Ein Tag ohne Katzenzungen ist ein umsonst gelebter Tag!

Entschuldigung! Hast du gesagt, ich soll aufpassen, daß Haare in die Erdnußbutter reinkommen, oder nicht?
KRACH

Warum Melmac explodierte? Blöde Frage! Na, wir hatten alle unsere Haartrockner zur gleichen Zeit angemacht! HA!

Mann! Dieser ganze Planet ist völlig verkrampft! Macht euch doch etwas locker, Leute!

Null Problemo

Lieber heimlich 'ne Katze im Topf,
als 'nen unheimlichen Kater
im Kopf!

Hören Sie, Fräulein! Das ist ein dringender Notruf! Wie ist die Nummer von 110?

Ich hab' schon verstanden, es war mein Fehler! Ich bring' mich um!

Das Leben ist komisch! Da versuchst du jemanden zu helfen, und BUMM! - wendet sich alles gegen dich!
ZING

Null Problemo

Übrigens, der Staubsauger ist kaputt! Die Generalvertretung meint, sie kriegen den Geflügelsalat nicht raus und müssen ihn zum Generalüberholen nach Japan schicken!

Null Problemo

Tut nichts, was ich nicht auch tun würde!

Der Wagen schnurrt wie eine Katze!
Dabei fällt mir ein,
Ich habe Hunger!

Warum ich das mache? Weil es lustig ist, Mann! HA!

Eines Tages werdet ihr einsehen, daß ich recht hatte! Vielleicht nicht heute... ÄHEM, offensichtlich heute noch nicht!

Mein Ferrari sollte eigentlich schon letzte Woche ausgeliefert werden, aber ich wollte ihn in Hepatitis-Gelb haben!

Du bist ganz schön gewitzt
für einen ohne Fell!

Laut meiner Mutter waschen sich die Hühner bei der Zubereitung selbst! HA!

Null Problemo

Da gibt es ein tolles neues Make-up! Es heißt: „Früher Abendhummer“!
PSCH PSCH PSCH

Und haltet euch immer an die drei „H"s:
Höflichkeit, Hilfsbereitschaft und
Achtung! Naja, eigentlich sind es
nur 2 „H"s und ein „A"!

Sind auch Gummibärchen im Kakao?
Ich trink' ihn nämlich nie ohne!

Du siehst irgendwie verändert aus! Hattest du früher mal einen Schnurbart!

Ich würde ja gern mehr Verständnis zeigen, aber das Vanille-Eis tropft mir auf den Fuß!

Wir haben so viel gemeinsam! Wir lieben beide Katzen! Ich meine allerdings mehr mit Pommes Frites!

Ich danke euch allen für eure Fairness! Sagt mir Bescheid, wenn ihr den Galgen aufgestellt habt!

Null Problemo

Warum müssen die Menschen die einfachsten Dinge immer so verschlüsseln?

Wenn ich jedesmal auf eine Aufforderung warten würde, käme ich nie zum Sprechen!

Wie wär's mit einem TKS-Sandwich?
Einem Tomaten-Katzen-Sandwich?

Ich verlange einen Seniorenpaß! Ich bin immerhin 229 Jahre alt!
SCREEECH!

Ich hab die Lösung für einen segensreichen Einsatz von Atombomben: Auf den Müll damit!

Null Problemo

Ich bin nicht verantwortlich! Ich war hungrig!

HE! Hast du mich erschreckt! Du solltest eine Kuhglocke um den Hals tragen!

Durch mich entwickeln sich die Dinge! Ich bin ein Katalysator!

Gib mir mal meine "Madonna"-Kassette rüber! Ich brauch' sie für meine Überlebens-Aerobic-Kür!

Widerlich! Hundefutter servieren und dann behaupten, es sei Schäferhund!
AUSGANG

Paragraph Eins,
jeder macht seins!
KLICK

Essenszeit ist die schönste Zeit!

Mein Interesse an Katzen ist natürlich rein wissenschaftlich! Ich studiere ihr soziales Verhalten und ihren Geschmack...!

Beim Flachdach ist das Dach flach!
BUCK

Wann ist die beste Zeit, dir zu sagen, daß alles falsch ist?

Bin ich übersensibilisiert, oder liegt hier ein Donnerwetter in der Luft?
GROARRR

Derjenige, der Geburtstag hat, kriegt Geschenke? Was ist das für ein merkwürdiger Planet!
ALF

Hmh! Nicht übel, eure Katzenpastete! Fehlt nur noch 're Prise Knetgummi!

Null Problemo

Was echt bemerkenswert an einem Puzzle ist? Man kriegt nach einer Stunde wieder Hunger, kaum hat man eins gegessen!

Kartoffelpüree? Klatsch mir auch was auf den Teller! Ich gewöhn' mich langan das matschige Zeug!
BOING

Am liebsten spiel' ich Klavier, obwohl es hier ein bißchen schwer ist ohne rote Tasten!

Ich kann diesen Auflauf nicht essen! Aber laß ihn bitte stehen! Ich möchte gern sehen, was er tut, wenn er aufwacht!

Das ist ein Handschuh?
PUH..., und ich dachte schon,
ich hätte die Hand von jemandem
in meiner Manteltasche gefunden!

Hier sind Katzenhaare auf dem Sofa! Perser..., 83ziger..., vielleicht auch 84ziger! Jedenfalls ein süffiger Jahrgang!

Wir von Melmac stecken uns keine Ziele! Wir leben von Augenblick zu Augenblick und nehmen uns die Zeit, was wir genießen erst zu beschnuppern!

Null Problemo

Ich esse besonders gerne, wenn ich nervös bin! Allerdings esse ich noch lieber, wenn ich nicht nervös bin! Ich esse vor allem, wenn ich mich langweile! Eigentlich esse ich die ganze Zeit!

Null Problemo

Ich repräsentiere die Schönheit zweier Welten!

Null Problemo

Ich trainiere unseren Kater ein bißchchen, damit er in Form bleibt... und sein Fleisch schön zart!

Das ist zweimal gebratenes Schweinefleisch? Sieht eher aus wie zweimal gegessen!

Null Problemo

Nebenbei bemerkt, auf Melmac tapezieren wir die Wohnzimmerwände mit Hefeteig, so wie ich's hier auch gemacht habe!

Null Problemo

Was heißt hier fair? Ist es etwa fair, einziger Überlebender einer untergegangenen Welt zu sein? Ewig lange durchs Universum zu schwirren, nur mit einem Mittelwellenradio dabei, und PATSCH mitten in einer primitiven Kultur zu landen?

Null Problemo

Mein Name ist ALF, und ich komme aus einer Zivilisation, die der menschlichen um millionenen Jahre voraus ist! Jetzt lebe ich in einem Wäschekorb ganz in der Nähe der Waschmaschine!

Womit hat so ein hübscher Planet wie die Erde bloß eure Rasse verdient?

Null Problemo

Ich bin nicht bereit, länger in der Garage zu hausen! Es sei denn, ihr installiert eine Badewanne und einen Großbildschirmfernseher!

Null Problemo

Was vergleicht ihr mich immer mit E.T.? Stellt euch vor, mich fragt eines Tages jemand von Melmac, was ihr für Wesen seid, und ich sage zu ihm: „Kennst du den Film 'Der verrückte Professor' mit Jerry Lewis?"

Es ist furchtbar, nachts wachzuliegen und an seinen knurrenden Bauch zu denken!

Warum geht ihr nicht mal ins Restaurant essen? Ich passe solange auf die Katze auf! Mann, hab' ich einen Hunger!

Wenn ihr mich braucht, bin ich immer für euch da! Solltet ihr mich nicht brauchen, bin ich trotzdem für euch da!
POINK
WHOOOOooo

Null Problemo

Manchmal ist es besser, Dinge in der Sprache der Menschen zu erklären!

Null Problemo

Ich denke, also eß ich! Null Problemo!

Euch hilft nur eines weiter: ein Psychiater, der auf Außerirdische spezialisiert ist!

Das einzige, wovor wir Angst haben müssen, ist die Angst!

Null Problemo

Ich habe nie behauptet, vor einer Küchenschabe davonzulaufen! Ich dachte eher an Fahren!

Null Problemo

Wenn ich jetzt eine Serviette und einen Strohhalm hätte, würde ich dich mit Spuckekugeln vollpumpen!

Ihr solltet euren Abfall zum Mond schicken, dann würde euer Mond nicht nur aussehen wie ein Käse, sondern auch so riechen!

E.T. war bloß ein Film! Ich bin aber Wirklichkeit! Denn ich löse Kreuzworträtsel!
KLIK

Ich sitze hier fest! Ich werde die lila Seite meines Planeten nie mehr wiedersehen!

Wie wär's mit einem Happen? Habt ihr eine Katze?

Null Problemo

Ich und menschlich? HEH! Es gibt keinen Grund, mich zu beleidigen!

Null Problemo

Ich verlange nicht, dauernd glücklich zu sein, ich möchte nur nicht unglücklich sein!

Wenn ihr eines Tages euren eigenen Außerirdischen habt, werdet ihr mich besser verstehen!

Was du heute kannst besorgen,
das verschiebe rasch auf morgen!

Kein Popcorn mehr da? Muß ich halt sehen, was ich noch in den Sofaritzen finde!

Die beste Art, jemandem von mir zu erzählen, ist, es ganz schnell zu tun!

Katzenfutter ist okay, schmeckt irgendwie auch nach Katze!

Null Problemo

Woran ich denke, außer an Schlafen und Essen? Nun, das engt die Sache sehr ein!

Bevor ihr herschaut, muß ich euch warnen! Ich trage nämlich nichts drunter!
SHWLPP

Ihr macht 'ne Pyjamaparty?
NULL PROBLEMO!
Ich werd einfach ein
Strampelhöschen tragen!
Aber Größe XL! HA!

Null Problemo

Es ist nicht leicht, was zu verlieren, das man liebt! Aber an einem bestimmten Punkt muß man die Seite umblättern und weiterleben!
KRATZ KRATZ

Null Problemo

Eine Menge Dinge auf diesem Planeten muß man raten! Ich habe zum Beispiel immer noch nicht den Text der Nationalhymne begriffen!

Stellt euch vor, Kates Haar hat die gleiche Farbe wie meins, nur, ihrs ist echt! HA!

Also, ich lebe in so was, das sie Familie nennen! Das ist was ähnliches wie 'ne Herde, nur kleiner!

Der Teller mit Pfannkuchen war nicht für mich bestimmt? Naja, der Teller ist noch da!

Beim Gartenumgraben hab ich ein Wasserrohr getroffen! Reg dich nicht auf, es war nicht dein Wasserrohr!
VROOOOOOOOOOO

Ich hätte Lust, Baumwolle anzupflanzen, oder gleich richtige Wolle!

Ich liebe es, in der wärmenden Sonne zu sitzen, die Erde zu spüren ...! Und vor allen Dingen liebe ich die knackigen Käfer!
FSSSSK

Amtsschimmel oder Pegasus, wo ist da der Unterschied? Pferd bleibt Pferd!

Entschuldigt mich jetzt bitte! Ich muß mal kurz für kleine Außerirdische!